Uomini e donne che odiano sul web

Di

Eretica Whitebread

Autrice: Eretica Whitebread

Grafica e Impaginazione: Eretica Whitebread

Codice ISBN: 9798836960018
Casa editrice: Independently published

Eretica Whitebread

www.abbattoimuri.wordpress.com

facebook: abbatto i muri

email: abbattoimuri@gmail.com

Introduzione

Da molti anni faccio attivismo sul web e mi sono scontrata con odiatrici e odiatori di ogni tipo. A volte si tratta di soggetti dalle ossessioni particolari, fissati nel seguire un personaggio che presumono sia pubblico, lasciano commenti acidi e velenosi che sono dedicati anche alla sfera privata di colei che pensano meriti la loro persecuzione. Per molto tempo ho fatto attenzione a non svelare il mio nome o la mia faccia perché conoscevo le conseguenze e in qualche modo volevo proteggermi. Ultimamente ho fatto esattamente l'opposto: ho tratto forza manifestando le mie debolezze, inclusi nome e volto. Le caratteristiche di chi sparge odio sul web sono sempre le stesse, non meriterebbero che se ne parlasse, perché per fortuna molta più gente ama gli spazi come Abbatto i Muri e solidarizza con chi soffre. Però è necessario analizzare sociologicamente e politicamente le modalità impiegate da questi e queste haters, non casuali, corrispondenti ad un obiettivo che è sempre quello di indurre a far tacere la persona che irrompe sulla scena svelando contraddizioni che dovrebbero restare celate. Di contraddizioni ho parlato in molti modi, descrivendo dettagli di gruppi di haters composti da donne o uomini, la modalità è la stessa. Parole d'odio dedicate al tuo aspetto, a ciò che pensi o alla tua sfera privata se pensano di saperne qualcosa, il che raramente corrisponde alla verità. Proiettano su personaggi pubblici le loro frustrazioni e la rabbia repressa in altri luoghi. Non sono in grado di dirti faccia a faccia ciò che pensano perché sono fantasmi virtuali, già morti, per quel che mi riguarda, sepolti dalla storia e dalla verità che prima o poi emerge. Vi parlerò di varie categorie di haters e del perché mi hanno aggredita e insultata sul web. Credo sia istruttivo saperlo, perché così potrete difendere voi stesse se accadrà qualcosa di simile.

1 – Haters

Ci sono odiatori di professione, che istigano odio nei confronti di un genere o di una etnia particolare, e quelli appartengono alla moltitudine impiegata invariabilmente in campagne elettorali realizzate dalla destra o da chiunque pensi che indurre paura nei confronti di qualcuno possa servire a guadagnare un voto. Ci sono poi altre categorie di persone che diffondono odio: sebbene siano spinte dall'idea di dover fare una crociata pro o contro qualcosa, non appartengono a nessun gruppo in particolare o sono marginali rispetto al dibattito politico in corso. La descrizione dei soggetti che seminano odio e paura nei confronti di determinati generi o di determinate etnie non è sempre scontata e può corrispondere a qualsiasi persona che un bel giorno si sente investita dal dovere religioso di combattere per qualche causa. Tenete conto del fatto che molto spesso chi diffonde odio in rete ha anche delle motivazioni personali. Può provare ossessione compulsiva nei confronti di qualcuno e alleviare la propria frustrazione attribuendo all'oggetto del suo odio qualunque idea o azione malvagia. Non tocca a me ovviamente fare osservazioni di tipo psicologico su alcune persone che diffondono odio, ma posso certamente dire che investono grande energia e grande sforzo in relazione all'attaccamento ossessivo compulsivo nei confronti di qualcuno. Possono perfino immaginare di avere avuto, sebbene non sia vero, una relazione di tipo personale con il soggetto della loro attenzione e questo li induce a immaginare che ogni parola scritta o detta sarà senz'altro riferita. Pensano di costituire un riferimento importante per la persona che decidono di ossessionare e alla quale dedicheranno pensieri d'odio, quando in realtà non c'è alcun legame e di sicuro la persona perseguitata non conosce colui o colei che spende tanto odio nei suoi confronti. Il mondo virtuale rende abbastanza semplice nascondersi dietro un nickname e lasciare un commento velenoso nei confronti di chiunque. Bisogna comunque ricordare che se quel commento e ingiurioso o diffamatorio e vorrete fare una denuncia nei suoi confronti potrete farlo perché si può individuare l'indirizzo digitale dal quale la persona si connette ad Internet. Ciò non vuol dire che quella persona smetterà, perché se pensa di avere il diritto di lottare in nome di una qualunque presunta crociata, vorrà vedervi finire al rogo in ogni situazione possibile. Negli anni ho tentato di studiare i codici linguistici e di comunicazione delle persone che diffondono odio per separarli in categorie precise e individuare in qualche modo le loro motivazioni politiche o personali. Sul mio blog potrete trovare vari riferimenti a fenomeni come il cyberbullismo, il cyberstalking e gli istigatori d'odio a pagamento che portano voti in determinate direzioni politiche. Tra tutti gli argomenti che attraggono come calamite gli istigatori d'odio il femminismo è in cima alla classifica. Non solo perché molto spesso chi istiga odio è un maschilista e un fascista, che vorrebbe vedere le donne a fare la calza in cucina o a sfornare figli, ma anche perché il femminismo tocca molle individuali e sociali talvolta disturbanti per necessità. Non ricordo ci sia stata una volta in cui ho scritto di violenza di genere in cui non ho trovato un commento velenoso scritto nei miei confronti. E se ultimamente ho parlato della mia vita privata, per sommi capi perché è troppo complessa da descrivere all'esterno, si troverà pur sempre il maschilista che si immedesima in quella che per lui è la vittima ovvero un uomo. Così attribuirà a me, la donna, tutte le becere categorie mentali e gli stereotipi demoniaci che nella storia sono stati diffusi a piene mani contro le donne. Gli odiatori e le odiatrici sono normativi in tutti i sensi. Quindi interverranno anche quando pubblico la foto di una donna che mostra con orgoglio la sua cellulite o la foto di una ragazza che rivendica il diritto di non depilarsi. Sembrano questioni secondarie ma in realtà non lo sono, perché si tratta pur sempre di temi che ci ricordano quanto sia strettamente normativa la regola sociale che ci impone ruoli e determinati comportamenti. Alla donna che mostra la cellulite si dirà con livore non comune che dovrà pensare alla sua salute e tutto ciò mistifica la reale intenzione di imporre una norma estetica dominante. Alla donna che rivendica di non voler depilarsi si dirà che dovrà avere rispetto dello sguardo altrui e dell'igiene e tutto ciò maschera ancora un atteggiamento normativo che ti impone di depilarti anche se non vuoi. Le donne sono soggette a imposizioni normative fin dalla nascita e dunque non c'è alcuna sorpresa quando leggiamo commenti pieni d'odio se qualcuna decide di fare di testa propria e non seguire le regole imposte. Un altro tema che attira commenti d'odio è quello della maternità. Nella realtà dovrei parlare di schiavitù riproduttiva: perché se una donna scrive che ha abortito e non riporta traumi di nessun genere viene investita da commenti dal sapore antiabortista, che a volte vengono espressi semplicemente da donne che sentono messe in discussione le proprie sensazioni sulla maternità. La stessa cosa avviene quando una donna scrive che ha abbandonato un figlio e sta benissimo. Chi legge non sospende il giudizio e non ascolta, ma basa sul proprio sentire personale il commento livoroso che dedicherà a quella testimonianza. Questo è solo per farvi un esempio delle tante ragioni per cui una donna viene investita da commenti d'odio ogni qualvolta si discosta dalla norma sociale imposta. I commenti d'odio sono spesso sessisti e sono dedicati all'abbigliamento delle donne, al loro trucco, alle pettinature, e tutto ciò compone la cultura che viene applicata quando osserviamo discussioni su chi sia il vero responsabile di uno stupro. Ogni commento d'odio riferito ad una donna non lascia nessuna impunità perché prima o poi quel commento colpirà la stessa donna che l'ha pronunciato o qualcuna che conosce, perché contribuisce a costruire una cultura patriarcale e dello stupro che colpevolizza le donne in qualsiasi situazione, incluso quando subisce violenza di genere. Trattare di questi temi non è mai semplice e farlo dando voce alle vittime di violenza di genere significa assumersi la responsabilità di realizzare uno spazio in cui non c'è posto per il giudizio e per il victim blaming. Questo è lo sforzo che con Abbatti i Muri abbiamo fatto per tanti anni. Una delle conseguenze della moderazione dei commenti è l'odio rivolto alla persona che ritengono gestisca la pagina. Dunque l'odio si rivolgerà contro chi l'ha creata. L'odio è un fiume in piena e si può solo dirottarlo, a volte, con calma, si può provare a disinnescarlo, ma in molti casi si può solo tentare di farlo defluire altrove o verso altre zone. Io sono oggetto di questo odio da tanto tempo e l'ho analizzato, a volte disinnescato, altre volte mi ha colta di sorpresa o mi ha colpito nella mia vulnerabilità, ma ciò spiega in parte perché non amavo parlare dei miei problemi in pubblico. Non per paura di svelare chissà quale torbido segreto, ma perché colpire me significava colpire la pagina e tutto ciò che lì viene raccontato. Dare agli haters argomenti per massacrarti non è intelligente se non hai elaborato a sufficienza e non ti sei nel frattempo fortificata. Di fatto ho scoperto che le persone che ho difeso per tanti anni alla fine difendono e sono solidali con me e dunque non è stato tutto inutile. Se ho impresso in quello spazio il marchio della solidarietà e dell'ascolto, ho svolto bene il mio lavoro. Gli haters non possono colpirmi su questioni che ho già elaborato e non possono farmi male se sono parte di una rete che lavora insieme in cui ciascuna tutela l'altra. Perciò ringrazio tutte e tutti e includo le persone che dietro le quinte hanno gestito la pagina con me applicando uguali regole così come le ho plasmate da visionaria, immaginando di poter un giorno fronteggiare insieme ogni insulto o accusa perché stare in rete e ascoltarci l'un l'altra ci rende meno sole e dunque più forti.

2 – Cyberbull*

La cyberbulla o il cyberbullo sono un po' più che semplici odiatori. Spinti da ossessioni morbose e da frustrazioni che non sanno sfogare altrove, si attaccano al collo di un personaggio pubblico o di una qualunque persona che ritengano nemica e iniziano a perseguitarla. Non serve che spieghi cosa sia il bullismo, ma giusto per spendere due parole è l'atto violento di aggressione da parte di una o più persone nei confronti di qualcuno. Motivo dell'aggressione può essere il genere, l'etnia, disabilità, fragilità, grassofobia, omofobia, transfobia, misoginia, maschilismo conscio o inconsapevole. L'aggressione da parte di bulle o bulli si svela nella tecnica della lapidazione a partire da un commento scritto da uno o una dei bulli. Non c'è lapidazione senza l'invito a vergognarti, dunque tu, svergognata, subirai un attacco che ti indurrà al pentimento o a confessare le tue eventuali malefatte. La persona oggetto di bullismo può anche essere messa al bando o diventare una componente di una lista di proscrizione in cui la proscritta verrà segnalata a chiunque la nomini in modo da impedire che le sue idee siano divulgate e i suoi post linkati. Due squadre di bulli mi hanno lapidata e stalkerizzata in tanti anni: le cosiddette femministe radicali, ovvero quelle che prendono il nome copiandolo dalle americane transofobe, perché sostengono che ammettere le trans nelle assemblee femministe e parlare di questioni di generi e non di generE sia un atto contro le donne; le stesse radfem che ce l'hanno a morte con le sex workers e spingono affinché sia criminalizzata la prostituzione, inducendo il mondo a pensare che chi si allei con le sorelle sex workers, per supportare le loro rivendicazioni, compia un'azione di drammatico vilipendio contro le vittime di tratta. Nel libro Le spogliarelliste chiarisco questo punto ma ancor di più ve lo chiariscono loro stesse nel libro Prostitute in rivolta scritto da Molly Smith e Juno Mac. L'altra squadra è composta da maschilisti, di cui parlerò approfonditamente in seguito, che si definiscono antifemministi e istigano odio contro le donne, negano la violenza di genere, cercano di fare proselitismo fra uomini separati e delusi del risultato dei propri divorzi, colpevolizzano le vittime di stupro e in poche parole sperano che si sparisca dalla faccia della terra, per dirla con una citazione tratta da uno dei loro forum, grazie ad un processo di Norimberga contro quelle che saranno definite nazifemministe. Se le radfem, identificate in quanto tali solo dopo aver manifestato odio nei miei confronti, come per assimilare una crociata che le legittimasse nella loro azione bullesca, sono solo un gruppo di donne che pur prendendo vita solo in senso virtuale, giacché non le ho mai incontrate in assemblee femministe nazionali, intendono dettare un dogma femminista realizzato a loro immagine e somiglianza, per gli antifemministi va fatto un discorso a parte. Sono numerosi, hanno vari forum dai nomi sempre più attraenti, praticano colonizzazione organizzata delle pagine femministe per poter reclutare e fare proselitismo tra maschi che contestano le azioni femministe, hanno colonizzato anche Wikipedia, la cui credibilità per me è pari a zero giacché se cercate la parola misoginia troverete anche il corrispondente antifemminista misandria, e quando si parla di sessismo o violenza di genere leggerete note aggiunte da collaboratori volontari antifemministi che non so fino a che punto vengano contestati. La loro azione è per lo più virtuale ma praticano disinformazione e si uniscono sovente ad altri gruppi d'odio come i razzisti e i fascisti. Riguardo a questi ultimi va segnalato che ne esistono diverse categorie ed alcune se non nei nomi lo sono almeno nei fatti. Le cyberbulle mi hanno maltrattata e aggredita e diffamata in mille modi diversi. I maschilisti hanno fatto lo stesso. A volte ho provato a replicare ma con alcune e alcuni è totalmente inutile perché sono talmente accecati dall'odio che non vedono altro che sé stessi e sé stesse. Quelle che fanno più male, neanche a dirlo, sono le donne, non per lo stereotipo che vuole donne contro donne ma solo perché utilizzano linguaggi e codici di comunicazioni che pretendono di essere credibili. Se una cyberbulla ti diffama e insulta, dicendo che sei un pericolo per la causa femminista e per le donne indifese, potrai anche osservare che il loro atteggiamento è paternalista e sovradeterminante ma c'è chi presta loro ascolto. Ieri più di oggi. Quando da sola avvisai le altre del rischio che in Italia si correva circa la costruzione di argomentazioni contro le soggettività trans e le sex workers in poche mi credettero. Sapevo che sarebbe avvenuto perché nei corsi e ricorsi storici femministi l'Italia ha sempre copiato, con vent'anni di ritardo, i dibattiti statunitensi sui quali ero piuttosto informata. Aver partecipato a incontri europei e transoceanici di femminismi che mi avevano dato l'opportunità di cogliere il rischio di ghettizzazione che le donne correvano in Italia, così dominate prima dal femminismo della differenza e ora dal cosiddetto femminismo radicale transofobo e puttanofobo. Per diffamarmi le cyberbulle si alleavano con fior di paternalisti votati alla causa, al punto da pensare di dover costringere le donne a denunciare un partner violento per intervento istituzionale e patriarcale. Uno degli argomenti usati era "Lei parla coi maschi!", e giacché con i maschi andavo in manifestazione non capivo perché non potessi anche ragionarci di femminismo. Più ancora dissero quando per tentare di capire il fenomeno antifemminista parlai con alcuni tra loro senza tuttavia mai cambiare idea sulle mie posizioni, salvo forse comprendere che c'era molto pregiudizio contro le femministe che andava contestato e messo in discussione. Sforzi di ricerca e dialogo furono fatti pur nella consapevolezza che non avrei fatto cambiare loro idea. Mostrandomi comunque umana, tutto fuorché nazifemminista, dicendo loro che il termine era assolutamente fuori luogo, raccolsi la loro solidarietà a volte strumentale a volte solo umana per gli attacchi delle cyberbulle. Il mondo è bello perché è vario e io resto dell'idea che bisogna ascoltare e raccontare con la propria voce quel che ci succede. Non permetterò a nessuna donna che parli a mio nome né tantomeno vorrò che a parlare per me sia un uomo. Dunque le cyberbulle strisciavano in privato contattando donne femministe dicendo loro nefandezze sul mio conto, invenzioni, bugie, ingiurie e diffamazioni e i cyberbulli tentavano di farmi tacere riguardo al numero di femminicidi e alla violenza di genere. Più personali erano gli attacchi delle donne, i maschilisti che personalizzavano l'offesa probabilmente ancora oggi fanno parte di un nutrito gruppo di ossessionati e frustrati che ama farmi sapere della sua esistenza con offese alla mia vita o alle mie scelte di cui sanno davvero molto poco. Oggettivamente non è stato semplice e dato che molte di queste vicende sono avvenute mentre si sviluppava la mia depressione probabilmente ho dato loro un peso che non avrei dato in differenti circostanze. Essere forti per sé stesse è il modo migliore di stroncare chi ti odia. La vulnerabilità e l'essere vittima di cyberbullismo non ti fa sembrare più simpatica ma ai loro occhi ancor più patetica. Il victim blaming consiste in questo: sei tu che hai causato l'odio che ti viene rivolto. Tu hai scritto e divulgato idee che potevi tenere per te. Se non avessi scritto o divulgato i tuoi pensieri non avresti raccolto l'odio. In definitiva le radfem che dicevano di agire in nome delle donne praticavano la colpevolizzazione della vittima così anche i cyberbulli maschilisti dai quali certamente mi aspettavo assai minore sensibilità sull'argomento. Perciò essere ferita da una donna diventa più difficile da digerire, non perché io abbia mai pensato che le donne siano tutte uguali ma perché in fondo sopravvive la speranza di una tendenza alla sorellanza quasi naturale. Così non è. Le donne hanno idee e modi di fare differenti e se agiscono da odiatrici e cyberbulle e da paternaliste

non   sono   mie   sorelle   ma   mie   nemiche.
Politicamente parlando.

3 – Sadici inconsapevoli

Questa categoria appartiene a persone solitarie, non legate a cause o gruppi, che semplicemente attendono un post in cui narri di una vulnerabilità e ne approfitta per lanciarti un sasso in testa. Sulla pagina ne arrivano a decine, i cui commenti vengono moderati per impedire che scaglino pietre contro le donne che si raccontano su Abbatto i Muri. Se parlano di uno stupro fanno notare, con tono quasi paterno, che bere non fa bene alla salute, che andare da sole in giro la notte non è furbo, che tutto sommato, anche se non lo scrivono chiaramente, è solo colpa tua. Se i commenti vengono moderati, quindi non pubblicati, non si rassegnano e continuano il monologo sul proprio profilo, o lo inviano a qualcuna che ha messo un Like sulla pagina, invadendo la sua privacy e molestandola. Se la persona ritiene di aver particolarmente ragione fonderà una contro-pagina che sostanzialmente commenta tutto ciò che non può commentare su Abbatto i Muri. Le pagine fake nate in questi anni non si contano, a volte spariscono poi ne compare un'altra. Ma il senso è lo stesso. L'odio è un fiume e puoi solo disinnescarlo o deviarlo. Se il tizio intende parlare da solo, con i suoi pochi amici del profilo, sono affari suoi. Se attiva una pagina che seguiranno in pochi saranno ancora affari suoi. Quel che facciamo noi è poderoso e attiva di per sé una riserva di contestazioni, offese o al meglio consigli paternalisti da sadici inconsapevoli. Non vi dirò di commenti diffusi a danno di una o l'altra donna che si è raccontata, ben protetta, sulla pagina, perché sarebbe solo un modo per limitare la vostra libertà o indurvi a pensare che non avete titolo per raccontarvi. Non è così. Anzi. Dovete raccontarvi di più. Porterò ad esempio qualche sadico inconsapevole al momento impegnato a sottolineare come io stia ledendo i diritti del mio povero marito, immaginando che voglia togliergli perfino le mutande o restare a fare la mantenuta a vita. Giacché tali sadici inconsapevoli hanno tratto spunto da una vulnerabilità manifesta possono immaginare scenari apocalittici, impersonando il ruolo di difensori della presunta vittima, scagliando pietre su di me con osservazioni che non mi toccano ma certamente potrebbero ledere una persona un po' più fragile di quanto non sia io in questo momento. Il sadico investe sforzi alla ricerca di una figura masochista. Pretende di essere letto, sebbene sappia che sarà cestinato, perché le sue parole mi raggiungano e in qualche modo mi feriscano. Un tale scrisse che in quanto depressa non potevo parlare di depressione. Un altro che non potevo parlare di femminismo perché serve una patente di sanità mentale per parlarne, secondo il suo punto di vista. Un altro mi delegittima come madre, ma so già di essere una pessima madre dunque nulla di nuovo e non mi ferisce né l'accusa né il riferimento. Un altro sostiene che i guai con mio marito siano tutti colpa mia, che voglio alleggerirlo di possedimenti o alimenti, cosa che non corrisponde alla realtà e non sto a spiegare il perché. Un altro immagina che mi prenda cura di mio marito, ora in convalescenza, per non essere cacciata via da casa. Lo dico: non funziona. Sono proiezioni identitarie di esperienze che il sadico ha avuto o cerca solo una figura masochista che appaghi il suo sadismo. Si dice molto male del bsdm ma nelle relazioni consensuali vige una parola d'ordine, tutto si fa in perfetto accordo. Quando un sadico proietta su una persona il suo bisogno di rintracciare masochismo direi che è prevaricazione, un po' come uno stupro. Lo fai senza il consenso dell'altra. Sostanzialmente ti fai una sega e vuoi farmi notare quanto sia eretto il tuo membro mentre eiaculi per la stronzata immaginata e descritta. C'è chi si eccita così e se sei una donna che si aggira sul web sicuramente ne avrai incontrato uno identico che calibra i commenti per insinuarsi nei tuoi pensieri immaginando di far parte della tua vita. Non ne fa parte. E' un individuo solo che resta solo a far pugnette sul manoscritto sgrammaticato che pensava potesse avere importanza fondamentale per te. Non ne ha. Un tempo gente così ti contattava via chat e ti inviava la foto del suo cazzo. Oggi propina formule magiche accusandoti di essere una strega. Era più schietto il cazzo, dopotutto. Le formule magiche non funzionano con quella che pensi sia una strega. Perché io sono la magia, io sono la formula, io possiedo i segreti e le complessità della mia vita, io sono persona, con una identità forte, giammai incline al masochismo. Questo non è un invito a molestarmi con cazzi eloquenti, ma solo un modo per spiegare che la rissosità insita in un sadico che cerca lo scontro va appagata in un bel fight club. Con le femministe non c'è storia. Sei ko al primo round. Chiuso. Finito. Non taccio. Non spengo la mia voce. Se ti infastidisce smetti di leggermi. Se cerchi la rissa fai un corso di box. Le palestre sono lì che ti aspettano. Buona fortuna!

4 – Impedire il personal-politico per limitare la voce delle donne

Quando cominciai a pubblicare anonimamente le storie che le donne mi inviavano via mail, si presentò un'altra categoria di odiatore professionista: quello che vuole limitare la testimonianza delle donne per ridurle al silenzio. Si tratta sempre di commenti moderati e non pubblicati o se pubblicati apertamente contestati. In principio si trattava solo di consigli paternalisti. Qualcosa del tipo: sarebbe meglio non parlare di questi argomenti in pubblico, l'esposizione di queste donne potrebbe aggravare la loro situazione, parlare delle violenze subite potrebbe innescare traumi in altri. Visto che non accettammo questo genere di consigli seguirono toni un po' più autoritari. Maschilisti che dicevano di quei racconti che istigavano all'odio nei confronti di tutto il genere maschile. Maschilisti che mettevano in dubbio la veridicità dei fatti esposti e talvolta mi attribuivano una creatività e una differenziazione di linguaggi che non potrei interpretare. Perché se non puoi farle tacere allora dovrai delegittimare i contenuti esposti dicendo che sono frutto dell'invenzione di qualcuno o sono stati diffusi nel tentativo di far maturare nelle altre donne l'idea che tutti gli uomini siano violenti. Nel corso del tempo abbiamo moderato anche commenti scritti da donne che più o meno dicevano la stessa cosa e tentavano di sortire una reazione. E l'idea di base era sempre quella di far notare che non tutti gli uomini sono violenti. Quando cominciammo a parlare di privilegio maschile, del quale gode qualunque uomo, a prescindere dal fatto che lo voglia o no, protestarono uomini che rifiutavano non solo di ragionare su quel concetto ma attestavano la sua non esistenza. In parole più semplici: se nasci uomo nessuno ti imporrà ruoli di genere che vengono invece imposti alle donne. Nessuno ti dirà di non camminare in giro da solo la notte e non dovrai temere di essere molestato o stuprato ovunque tu vada. Non sminuisco il fatto che uomini gay siano stati stuprati da altri uomini o che nelle prigioni lo stupro nei confronti degli uomini è praticato, ma ciò fa parte comunque di una specifica tendenza eterosessuale e maschilista. Uomini che stuprano altri uomini. Aperte ad ascoltare qualunque tipo di discriminazione abbiamo pubblicato anche storie di uomini che si sono sentiti violati da parte di donne. Ciò non toglie che se nasci uomo godi di un privilegio di cui la donna non potrà mai godere. È un privilegio che fonda le origini in stratificazioni di norme patriarcali, a rafforzare il dominio degli uomini su ogni altro genere, e che impedisce alle donne di poter lottare ad armi pari. Un altro classico commento che interveniva per tentare di zittire il racconto di una donna era quello di un maschilista, o di una donna che supporta il maschilismo, che dicevano che la parità di diritti è ormai raggiunta e quei racconti non potevano essere la conferma di una normalità vissuta dalle donne ma rappresentavano un'eccezione. In tanti anni di attivismo femminista ho pubblicato storie di tantissime donne che dimostrano esattamente il contrario. L'ultima campagna lanciata dalla pagina abbatto i muri con l'hashtag #tuttacolpamia, non solo ha dimostrato che non si tratta di eccezioni ma che moltissime violenze subite vengono rimosse o non gli si dà la dovuta importanza perché le donne vittime pensavano che fosse tutta colpa loro. Disinnescato l'elemento della autocolpevolizzazione, frutto dell'educazione ricevuta, della mentalità che appartiene alla società in cui le donne vivono, frutto degli stereotipi di genere che continuano ad essere diffusi, quel che è venuto fuori è un fiume di testimonianze, in contrasto al fiume d'odio misogino, in cui le donne si riappropriavano del diritto di nominare la violenza che avevano subito. Commenti che mettevano in discussione quelle narrazioni tentavano persino di contestare l'hashtag, come se fossimo noi responsabili della pagina ad accusare le donne e a colpevolizzarle. In ogni caso c'è sempre stato qualche intervento di chi voleva che le donne tacessero per continuare a raccontare la leggenda delle splendide qualità insite nella famiglia eterosessuale e per tentare manifestamente di difendere gli uomini da un'accusa che pensavano fosse generalizzata. L'intento era ovviamente quello di farci smettere ed era quello di far tacere le donne vittima di violenza. Perché se le donne tacciono la violenza diventa invisibile e continua a perpetrarsi tra ambiguità e sotterfugi e situazioni di colpevolizzazione della vittima. Non voglio dedicare molto spazio ai commenti da parte di razzisti che insistevano sul fatto che gli unici uomini a praticare violenza sulle donne siano gli stranieri perché fin troppo chiaro è il loro intento e non vale la pena spendere altre parole per descriverlo. Mi soffermo invece sull'insistenza da parte di alcune persone che pretendevano si anticipasse il contenuto delle narrazioni descrivendole come disturbanti o - come va di moda adesso - triggeranti. In alcuni casi l'opposizione era assolutamente legittima, se posta da altre vittime di violenza che non riuscivano a leggere storie che rinvigorivano i loro traumi. In altri casi invece era pura speculazione maschilista che intendeva diminuire il numero di lettori o lettrici affinché i racconti delle donne avessero più scarsa diffusione. Non solo non sono riusciti nel loro intento ma attualmente una crew, attiva sulla pagina, sta editando le storie per comporne un libro che sarà presto pubblicato. Come qualcuna ci ha ricordato: tutte dovrebbero leggere quelle storie, sebbene facciano male, in ogni caso ci ricordano con chiarezza che quando siamo vittime di violenza non è mai colpa nostra.

5 – Donne vittime di altre donne

La violenza e gli stereotipi di genere, purtroppo, non sono un'esclusiva degli uomini ma può essere praticata anche da donne contro altre donne. Ho già anticipato di metodi utilizzati da cyberbulle o maschiliste, ma voglio approfondire ulteriormente perché, come dicevo in un altro capitolo, nelle donne risiede la speranza di trovare ascolto e sorellanza nelle proprie simili. È fondamentale ricordare che non tutte le donne sono femministe e non tutte le donne sono solidali con le altre donne. Esistono donne razziste, fasciste, antiabortiste, sessiste, misogine, paternaliste, maschiliste. La sorellanza a tutti i costi tra le donne di tutto il mondo, qualunque idea manifestino o qualunque scelta politica facciano, è generalmente uno slogan diffuso da donne bianche, benestanti, colonizzatrici, non marginali. Le prime donne che sono state escluse nella storia del femminismo furono le lesbiche. Grazie al femminismo afro americano sappiamo dei contrasti tra le femministe bianche, definite carcerarie e razziste, e le femministe nere e antirazziste. Grazie al femminismo post coloniale sappiamo che il femminismo bianco delle colonizzatrici praticava violenza epistemica sulle donne colonizzate. Grazie al trans femminismo sappiamo che le donne bianche, eterosessuali, in qualche caso lesbiche, discriminano fortemente le donne trans e non vogliono accoglierle come parte integrante e importante del movimento femminista. Grazie alle sex workers sappiamo che donne bianche, benestanti, moraliste, puttanofobe, discriminano le donne che rivendicano il diritto di poter lavorare senza essere criminalizzate. Questo sintetizza in minima parte quel che compone la difficile e aspra dialettica femminista nel mondo. Altra cosa sono le donne che fanno a gara per non dirsi femministe, quasi intendendo il femminismo come una parolaccia, e non fanno che ingraziarsi paternalisti e patriarchi con commenti ingiuriosi e offensivi nei confronti delle donne che sfuggono ai ruoli di genere imposti e non corrispondono agli stereotipi di genere. La maggior parte dei commenti offensivi ricevuti quando lanciammo la campagna Body Liberation Front, in risposta a chi intendeva limitare l'uso di pantaloncini o indumenti scollati per le donne che non corrispondevano al modello estetico imposto, dunque come risposta al body shaming diffuso a mezzo stampa su editoriali con firme note, provenivano da donne. Il livore di quei commenti era talmente forte da indurci a rafforzare la campagna alla quale partecipammo noi stesse. Una foto dei nostri corpi e la nostra storia, pubblicati sulla pagina e sul blog, dimostravano la nostra esistenza. Il contrario è l'invisibilità. Le più gentili dicevano "vai a nasconderti". Quelle più livorose argomentavano con ricette di diete e frequentazioni di corsi in palestra per sconfiggere ogni inestetismo, o quel che per loro appariva tale. Dato che proseguivamo chiesero aiuto ad altre pagine facebook, pubblicando screenshot delle foto, messe alla gogna, con libertà di insulto da parte di chiunque, per via della cicatrice esibita con orgoglio, della cellulite della quale lei non si preoccupava, dei peli che non voleva tagliare. Quelle donne arrivavano in branco, si comportavano da bulle, parlavano di salute dei corpi ma in realtà quel che le infastidiva era il fatto che donne dai corpi differenti mostrassero tutto senza pudore né vergogna. Il coro dei "vergognati!" si sommava a quello del "vai in palestra" o del "fai schifo", diretto alla donna non depilata. Non sentivano certamente minacciata la loro identità estetica ma esigevano che si legittimasse l'attitudine al pubblico ludibrio di certi maschilisti e di certe donne il cui corpo doveva essere scolpito e ben depilato. Se non somigliavi a loro dovevi nasconderti. Se avevi la cellulite o eri in carne dicevano "sei pigra", ignorando problemi di tiroide o da disturbi alimentari o qualunque altra ragione per cui una donna alla fine scegliesse di accettarsi e piacersi contrastando la norma estetica dominante. Le commentatrici livorose non solo spingevano le altre a rendersi invisibili ma manifestavano una vera e propria fobia del pelo e del grasso. Perciò grassofobe e pelofobiche aggredivano quelle che convivevano coi propri corpi in modo più o meno sereno. La pubblicazione delle foto non si ridusse, perciò se la presero con me perché consentivo un uso antiestetico, così dissero, della pagina. Ed io, da tempo immemore, contraria ad ogni norma estetica, strinsi le spalle e continuai a fare il mio lavoro senza ombra di pentimento. I commenti cattivi delle donne non si limitavano al bodyshaming ma anche al victim blaming. Traboccanti di moralismo e con atteggiamenti puritani, elargivano consigli su come evitare molestie e violenze, che a loro non erano mai toccate giacché sapevano scegliere. Cosa, in particolare, non lo chiarirono, ma il senso era lo stesso: se ti fanno del male è tutta colpa tua. Non lo dice solo il maschilista ma te lo dico io, sono una donna, dunque dovresti ascoltarmi, smetterla di voler cambiare il mondo, di opporti, di lamentarti, definendo piagnistei le testimonianze di donne violate, smetterla di esistere e adeguarti. Quelle donne probabilmente diverranno le peggiori nemiche di sé stesse, il loro corpo invecchierà, le rughe appariranno, un parto cambierà l'estetica perfetta e cambieranno anche ordine di priorità.

Attendo le loro storie, quando vorranno raccontarle sulla pagina. C'è posto anche per loro. Racconta la tua storia, non giudicare quella di un'altra. Nessuna può farlo. Non si deve e basta.

6 – Uomini vittimisti

In ogni momento in cui abbiamo dedicato spazio alle storie raccontate da donne vittime di violenza siamo state oggetto di fraintendimento, per dirla in modo gentile. Un altro modo per dirlo è: i maschilisti provavano a forare inviando storie false, con esagerazioni o riferimenti fin troppo esplicitamente maschilisti. Scoperti e rigettati, le storie cestinate, serbando la credibilità delle donne che continuavano a narrarsi, questi uomini venivano a lamentarsi. Attribuivano il loro tentativo di bucare la campagna ad una qualche violenza che avevano subito da qualche donna. Nell'ordine le storie che ci riferivano tendevano a: opporre lamentele su donne che non gliela davano; diffondere stereotipi sessisti su donne che avrebbero goduto di privilegi grazie all'oro tra le gambe, in gergo chiamasi vagina; parlare della collega di lavoro che aveva ottenuto una promozione perché faceva gli occhi dolci al capo; spettegolare della studentessa universitaria, leggendaria, che si presentava in minigonna, all'esame col docente, per ottenere un buon voto; delle inenarrabili malvagità ordite dalle donne per far sentire soli e indesiderati uomini che non accettavano un No. Non si parlava di molestie sul lavoro che colpiscono le donne, né di molestie sulle studentesse da parte dei docenti. Si parlava unicamente del fatto che ad un certo tipo d'uomo non andava giù che le donne manifestassero apertamente (Svergognate!) il potere di dire di Sì o No alle sue profferte sessuali. Da lì la convinzione che le donne la davano solo a uomini ricchi e con belle automobili. Dunque lui, con il quale dovremmo essere solidali perché proletario, non poteva trattare le femmine come puttane in vendita al miglior offerente. Non pronunciò mai quel termine ma ogni commento volgeva alla stessa conclusione: le donne sono tutte puttane, dunque, perché non la danno a me? Credo che il suo quesito resti senza risposta o forse potrebbe trovarne una se egli si rimettesse un tantino in discussione, smettesse di sentirsi vittima di donne che hanno il diritto di dire No, smettesse di fare il vittimista piagnone immaginando che la figa di una femmina sia un diritto del maschio e nulla più. Da questo ragionamento ad avallare l'ipotesi di uno stupro manca poco, tant'è che in seguito parlerò di gruppi di uomini che ne discutono apertamente su forum online di tutto il mondo, intendendo lo stupro come un diritto del maschio troppe volte rifiutato. Questo tipo d'uomo allora tentava di bucare la campagna, poi rivelava i motivi per cui si sentiva vittima delle donne e trovava ingiusto che a parlare di violenze fossero le donne e giammai i poveri uomini come lui che venivano rifiutati a dispetto delle sue gradevoli e significative intenzioni. Cercare empatia presso una femminista per carenza di figa è da parte di un uomo l'atto più pateticamente orrendo nella lista degli atti che non dovrebbero essere mai compiuti. Tentare di darle un significato nominando la presunta violenza data dal rifiuto di una donna che non vuole giacere con te è un po' come pretendere di cambiare nome al Mar Morto. Semplicemente non si fa. Non solo: dal suo ragionamento derivava l'ipotesi che le donne scegliessero i violenti e giammai i bravi uomini come lui, dunque cercavano la violenza, contrariamente al suo lamento continuamente offerto per eccitare il desiderio di qualcuna. Se mai vi capitasse di incontrare una donna sappiate che lamentarvi del rifiuto di un'altra non funziona. Nessuna empatia. E' maschilismo. Il sesso non è un diritto. Le donne scelgono liberamente la persona con cui vorranno farlo. Spesso subiscono molestie, spesso subiscono uno stupro. Hanno tutto il diritto di dire No e se te ne lamenti non sei migliore di un qualunque molesto stupratore. Beccati il rifiuto e non venire a piangere dalla femminista. Lo dico per il tuo bene. Accettalo. Come è diritto delle donne dire di No alle proposte di un uomo è diritto di una femminista non subire l'imposizione del ruolo di cura nei confronti del maschio che si sente trascurato dal genere femminile. Se vuoi attenzione vai da uno psicologo.

7 – Cybermaschilisti

Tra gli uomini che diffondono odio contro le donne e in particolare contro le femministe ci sono i cybermaschilisti, organizzati, hanno vari nomi, ne parlerò nel prossimo capitolo, agiscono modificando contenuti su Wikipedia per raccontare il proprio punto di vista, su cosa sia il vero sessismo, che riguarderebbe anche loro, su cosa sia una vera donna, su cosa sia la realtà dei rapporti tra i sessi. Non riconoscono più generi, solo due, dunque sono cisgender, eteronormati, maschi di nascita e per identità, decisamente omofobi, particolarmente rancorosi nei confronti dei traditori della causa, gli uomini che non si riconoscono nella norma eterosessuale, i disertori del patriarcato, ai quali viene detto di tutto. Confortano la propria indole scrivendo che gli uomini che frequentano le femministe lo fanno solo per cercare più figa, giammai per convinzioni proprie. L'uomo che non frequenta i tipi come loro vanno considerati femminilizzati, indotti a diventare schiavi della cultura femminista. Nel loro gergo: zerbini. I cybermaschilisti intendono resistere e pensano di essere partigiani del privilegio maschile, in difesa del quale si ergono con vignette in cui suggeriscono quale sia il comportamento che un uomo deve assumere nei confronti delle femministe e quale sia la donna meritevole di attenzione. Tra le vignette che divulgano ricorderete quella in cui la donna spinge il maschio in un baratro, quella in cui una donna urla contro un povero uomo indifeso e l'altra in cui una coppia nasconde qualcosa dietro la schiena, l'uomo porta un mazzo di fiori e la donna afferra un'ascia. Tutto per dire che non è mai come sembra, che tutto ciò che le femministe raccontano non corrisponde alla realtà dei fatti. Delle femministe parlano usando un gergo preciso: nazifemministe, donne che addestrano altre donne a impoverire uomini separati, ai quali dedicano lacrime inarrestabili, descrivendo una condizione di rovinosa caduta dovuta all'avidità delle donne che lascerebbero gli uomini senza casa e soldi per il solo piacere di spendere in gioielli e borse griffate. Il fantastico mondo dei cybermaschilisti è consolatorio per quanti covano rancori contro le donne, lì fanno proseliti e li accolgono come si accoglie un povero diavolo in cerca di un'isola di pace e serenità, dove sarà possibile organizzarsi per diventare perfetti troll delle pagine facebook femministe. Un troll è un disturbatore che interviene nelle discussioni femministe per provocare irritazione, perdita di tempo ed energia, fintanto che non lo banni e allora ne arriverà un altro e un altro ancora. Questi uomini odiano le donne e non è un caso se festeggiano l'anniversario di personaggi cupi, assassini di donne, che dopo le stragi lasciarono manifesti per delineare l'idea che avevano in mente di diffondere. Ricordano con orgoglio il massacro del politecnico a Montréal dove Marc Lépine, eletto ad eroe della causa maschilista, sparò a ventotto persone uccidendo quattordici donne. Ricordano il nazista Breivik che nel suo documento politico, inviato prima di uccidere 77 persone, parla chiaramente del danno causato dalle nazifemministe. Qualche anno dopo Alek Minassian uccise dieci persone e ne ferì quattordici a Toronto. Prima di compiere la strage aveva postato su facebook la frase "La strage Incel è cominciata! Spodesteremo tutti i Chad e le Stacy! Tutti salutino il Supremo Gentiluomo Elliot Rodger!". Il messaggio era diretto alla comunità degli Incel, celibi involontari, e Rodgers, il quale anch'egli parlava di nazifemministe, fu il primo killer dell'alt- right, uccise sette persone, incluso sé stesso, dopo aver messo online un manifesto in cui comunicava il suo odio nei confronti delle giovani donne. I commenti degli Incel erano del tipo: se qualcuno avesse fornito una puttana per calmarlo lui non avrebbe ucciso nessuno. Nel frattempo parlavano del fatto che avesse ingerito la Pillola nera, ricordando Matrix.

8 – Mra, Red Pill, Incel

Eccoci dunque a raccontare cosa si muove in rete e nel mondo a proposito di istigatori di odio contro donne e femministe. Gli Mra, da Men's Rights Movement, promuovono i diritti maschili, negli Stati Uniti tentano di ottenere spazio per corsi di genere (maschile), un po' come se i bianchi raccontassero di essere vittime dei neri. Le donne sono un'ossessione della categoria, le femministe vengono definite "nazi", si oppongono alle leggi contro la violenza sessuale e non accettano che si parli di femminicidio al quale oppongono il maschicidio come formula per tentare di delegittimare e screditare le lotte femministe. Contestano i numeri delle vittime, raccontano che le istituzioni falsificherebbero le statistiche per fare ottenere alle donne privilegi positivi, tra questi contestano gli incentivi alle assunzioni per le donne e le quote rosa. Parlano chiaramente del ritorno del Pater Familias, come elemento di controllo sulle nascite, non accettano che la donna decida di abortire o tenere un figlio, lottano per evitare di pagare gli alimenti ai figli, dopo le separazioni, diffondono statistiche sulla povertà degli uomini separati, la cui miseria sarebbe da attribuire alle femministe e alle ex mogli. Hanno a lungo lottato per ottenere l'affido condiviso ma non era l'obiettivo principe. Quel che vorrebbero ottenere è di vedersi affidati i figli per ottenere l'attribuzione della casa e per non dover pagare gli alimenti. Nelle proposte di legge infatti spiegano che chi si aggiudica l'affido non dovrà abbandonare la casa familiare e non dovrà pagare alimenti. Hanno a lungo perorato la legittimità della Pas, Sindrome della madre malevola, la cui invenzione si deve a Richard Gardner, perito sedicente docente di psichiatria alla Columbia che in realtà non l'ha mai assunto. Pubblicava testi in cui faceva apologia della pedofilia e fu perito in molti processi in cui alcuni padri venivano accusati di questo crimine, negando ogni cosa, togliendo credibilità ai racconti dei bambini, ai quali non era permesso l'ascolto. Dunque attribuiva tali accuse ad un lavaggio del cervello ad opera delle madri malevole che inducevano nei figli odio nei confronti dell'altro genitore. Questa la sua teoria scientificamente respinta in ogni situazione e da ogni organizzazione psichiatrica e psicologica, salvo essere riportata in auge, in varie situazioni, durante le battaglie per l'affido dei figli, come Alienazione Parentale, di cui si parla in perizie psichiatriche nei tribunali, grazie alle quali i figli venivano tolti alle madri e se non consegnati ai padri mandati in case famiglia. Noi sappiamo che decisioni di questo tipo sono state contestate in cassazione e presso istituzioni governative, con inchieste di commissione che concludevano senza dubbio circa la non credibilità della teoria. La guerra per gli affidi riguarda unicamente i casi di separazione giudiziaria, non consensuale, perché generalmente i figli vengono affidati alle madri perché il padre non se ne vuole occupare o concordano pacificamente di condividere le responsabilità come avevano fatto durante il matrimonio. Nelle separazioni dovute a situazioni di violenza la battaglia per l'affido di un figlio diventa il modo per contestare la credibilità della denunciante coinvolta in causa penale per la violenza domestica subita. Se a lei viene diagnosticata, tramite perizia, la sindrome da alienazione parentale, diventerà meno credibile in ogni senso e lui potrà difendersi parlando di quelle che vengono definite false accuse. Sulle false accuse gli Mra hanno fondato un castello di carta che dimostrerebbe come le donne farebbero di tutto pur di togliere averi e figli ai padri, bistrattati e resi vulnerabili grazie a leggi femministe, a giudici femministi, a istituzioni e governi femministi. Se non fosse un'ossessione oculatamente volta a raggiungere un fine preciso potremmo dire che gli Mra soffrono di allucinazioni. Tra gli Mra si possono intravedere i Red Pills, i militanti della pillola rossa, quelli che traggono dal film Matrix lo spunto per dire che la realtà non è quella che vogliamo vedere. Prendere la pillola renderebbe chiaro il fatto che hanno ragione loro e che le nazifemministe sono dappertutto. I centri antiviolenza vengono visti come luoghi di sequestro di mogli e figli, inducendo le donne a denunciare al fine di ottenere affidamento e alimenti. Tutti sarebbero complici, tutti avrebbero un secondo fine. Il complotto che immaginano sia ordito ai danni dell'uomo maschio avrebbe origine nella perdita, da parte dell'uomo, del rapporto con la natura, perciò in alcuni casi si fa riferimento al maschio selvatico, l'uomo con la clava, come ad un modello da seguire, il cui istinto riproduttivo, di dominio patriarcale e paterno, andrebbe preservato. Questi movimenti non sono recenti, Negli Stati Uniti sono presenti fin dagli anni '80, dopo un periodo trascorso a tentare di capire come stravolgere il diritto della donna di divorziare. In Italia arrivano nell'ultimo decennio, raccolgono consensi tra maschilisti di ogni tipo, creano organizzazioni per i padri separati e chiedono alloggi e servizi che li aiutino a scamparla dalla povertà che toccherebbe gli uomini sebbene le statistiche dicano che ad essere assai più povere dopo un divorzio siano le donne. In un documentario sui Red Pill essi parlano della presunta demonizzazione del maschio grazie alle nazifemministe. Ricordano gli uomini caduti in guerra in difesa delle "nostre donne", insistono sui privilegi che le donne avrebbero in ogni situazione possibile e parlano di famiglia naturale, quella eterosessuale. Inoltre elencano cifre sulla quantità di suicidi che colpirebbe gli uomini, cifra contestata dalle statistiche riportate sul sito del Ministero della Salute che attribuisce alle donne tale terribile primato. Punta di lancia dei movimenti per i diritti degli uomini sono gli Incel, involontariamente celibi, affidavano a Reddit, con forum a tema, le loro acute osservazioni sul mondo, che comprendevano il diritto allo stupro, come risarcimento per l'uomo che non trova una donna disposta a stare con lui, e festeggiamenti per le stragi di cui ho già parlato portate a termine da veri fascisti e misogini contro le donne. La violenza parrebbe essere una peculiarità dei membri di certe fazioni antifemministe, a partire da chi sostiene che prima o poi farà una strage per dimostrare cosa non va bene nel mondo. Alcuni forum degli Incel sono stati chiusi, per istigazione all'odio di genere e apologia dello stupro, altri probabilmente continuano ad esistere e a tessere trame per continuare a insultare donne e femministe ritenute causa di ogni male. Riportando in auge il mito del Malleus Maleficarum, per cui dietro ogni donna c'è una strega, questi maschilisti non negano la possibilità che si debba ovviare al problema con roghi dimostrativi. Nel frattempo le violenze sulle donne aumentano, gli uomini che la compiono, a volte bruciando vive le ex o deturpandole con l'acido, probabilmente pensano di avere una ragione per fare ciò che portano a compimento. Se esiste una cultura che in qualche modo consola il violento e gli fa intendere di poter compiere stragi, assicurandogli impunità, quella cultura va combattuta e sradicata. E' pericolosa, rintraccia uomini rancorosi che diventano capri espiatori per battaglie senza senso. L'istigazione all'odio nei confronti delle donne va cancellata e combattuta, con corsi nelle scuole per il rispetto del consenso e dei generi. Sul web noi possiamo solo agire attraverso un ban. Gli argomenti che forniamo sono sufficienti a realizzare una battaglia controculturale per dare alle donne risorse per difendersi. Questo non è un complotto. Le donne agiscono in rete per difendersi da uomini violenti. Tale difesa non sarà mai posta in secondo piano, né scoraggiata da elementi d'odio che anzi ci incoraggiano a fare di più e meglio.

9 – Falsa confidenzialità sui social: spiare il personaggio pubblico per sentirsi più importanti

Esistono varie pagine Facebook gestite da donne. Le pagine hanno obiettivi di ogni tipo e presumibilmente vengono gestite da più persone, senza che questo scoraggi il troll ossessivo che presume di parlare direttamente all'oggetto delle sue attenzioni. I social creano in qualche modo questo spirito di falsa confidenzialità, questo può dare ad un uomo ossessivo l'idea di conoscere perfettamente la persona a cui dedica commenti pieni di livore e rancore. Se si tratta di personaggi pubblici, è probabile che la pagina sia gestita da qualcuno che lo fa a loro nome. Se si tratta di pagine femministe è plausibile che siano gestite da più persone, sebbene il troll ossessivo ne identifichi solo una contro cui scagliare pietre. Questo monologo ossessivo nei confronti dell'oggetto d'attenzione del troll inizia a partire da questa falsa confidenzialità creata dai social e finisce con l'illusione del troll di conoscere dettagli particolarmente intimi della persona contro cui blatera. Ci sono scrittrici, per esempio, tartassate da commenti ignobili e lo stesso avviene per influencer che a vario titolo espongono le proprie idee sui social. Le femministe, come dicevo, raccolgono odio da molte persone e dunque anche da questa categoria di troll ossessivo che desidera ottenere l'attenzione da parte di una femminista per poter sfogare rancore o vittimismo. In una normale situazione in cui ci si incontra fisicamente quel troll non sarebbe in grado di manifestare alcuna allusione, perché sarebbe chiara la distanza tra lui e la donna che intende perseguitare. Sul web è più facile che il troll ti dia del Tu e insista in un tono confidenziale come se realmente facesse parte della tua vita. Più ignori le sue allusioni rancorose e più il troll diventa perfido e velenoso. In fondo la sua è una richiesta di attenzione e dato che sei una donna, benché femminista, presume che tu debba prenderti cura di lui. Di questi troll ne ho incontrati tanti e tra questi quello più insidioso è il tale che paventa modi gentili dicendo tutto e il contrario di tutto, insinuandosi nelle attività che conduci online addirittura contattando persone che semplicemente seguono la pagina che gestisci. Mostra la necessità assoluta di far sapere cosa ne pensa di qualunque situazione e non accetta un no come risposta. Se richiamato all'ordine, nel tentativo di insegnargli a non molestare le persone che seguono la pagina che gestisci, egli si scusa, sparisce per un periodo, e poi ritorna a fare esattamente quel che faceva prima. Le donne che stanno sui social vengono dunque scambiate per punchball contro cui sfogarsi o per madri alle quali chiedere un po' di attenzione e cura. In ogni caso subiamo le molestie da parte di soggetti che non possono resistere all'idea di trattenere l'esercizio da tastiera che compiono per insultarti e attirare la tua attenzione.

10 – Conclusione

Dopo aver sintetizzato più o meno quel che succede a una donna quando si trova online, i troll che incontra, le donne che la insultano, i maschilisti che tentano in tutti i modi di silenziarla o delegittimarla, non resta che trarre le conclusioni. Una donna che cammina per strada incontrerà uno o più molestatori. Il solo fatto di mostrare la propria esistenza diventa un invito per uomini che decidono di seguirti, avvicinarti, molestarti, insultarti, farti proposte oscene, condividere pensieri perfidi con te che tenti solo di fare la tua strada. Il web non è diverso. Attraversare il web, ancor di più se con un manifesto che mostra la tua idea, attira ogni genere di molestatore seriale, dal più volgare a quello che ammanta di ideale politico la sua molestia, dal più desideroso di cura femminile al rancoroso che vuole solo trovare una donna contro cui sfogare le proprie frustrazioni. In ogni caso non accettano un No come risposta, non ti ascoltano, sono troppo concentrati su sé stessi per tentare di capire se tu abbia voglia di fare la loro conoscenza, si incazzano se non gli dai attenzione, diventano vendicativi se non pubblichi i loro commenti che sarebbero pregni di verità che il mondo non può fare a meno di conoscere. Usano la tua visibilità per tentare di afferrare un po' di luce per sé stessi, dall'antro buio e torvo in cui si trovano, non ammettono che una donna sia più visibile o ottenga più ascolto di quanto non abbiano loro. Le donne che transitano sul web non vengono considerate in modo diverso dalla realtà. Possono solo essere oggetti del desiderio o oggetto di molestia e perfidia. Possono essere quelle che meriteranno una richiesta di attenzione e cura del maschile dai sogni infranti o possono più politicamente considerarti come pilastro da abbattere per far crollare l'impalcatura di un grande movimento femminista. Per alcuni vige il motto "Una alla volta", nel senso che dovremmo essere delegittimate e silenziate una alla volta per dare spazio a loro. La mia visibilità mi ha portato responsabilità e parecchio odio, da parte di donne in crociata paternalista e uomini in crociata antifemminista. In entrambi i casi le motivazioni residuali delle molestie, delle azioni di cyberbullismo, di cyberstalking, erano e sono personali. Parlo di quelle motivazioni personali che non sanno diventare rivendicazione politica, dunque frutto di una elaborazione privata del rancore, prima di affrontare la questione in sede pubblica. Se tali uomini elaborassero i loro problemi prima di cercare l'attenzione della femminista, la sua empatia, la sua comprensione, un decimo della sua visibilità, probabilmente avrebbero più cose da dire e potremmo anche voler ascoltare. Di fatto portano in piazza solo l'odio, spinti da esso impiegano energie per distruggere quel che tenti di costruire, tentano di colonizzare le tue battaglie, realizzano appropriazione culturale quando usano il tuo linguaggio per diventare patriarchi che spiegano alle donne come essere vere femministe o essere vere donne. Il senso non cambia. Se vuoi evitare il loro odio, così ti dicono, dovresti seguire le loro indicazioni, lasciar morire la tua autonomia di pensiero e dare a loro lo spazio necessario per esprimere l'odio in più versioni ampiamente collaudate. Quel che ho imparato è che non si può ragionare con chi vuole convertirti. Vale per qualunque dogma e il maschilismo è tale e i maschilisti si comportano da inquisitori moderni o da preti in cerca della persona da convertire alla loro causa. Se non possono convertirti cercano di distruggerti, si insinuano nelle discussioni, tentano di ferire i tuoi sentimenti, violano la tua privacy, ti consegnano l'odio perché tu decida cosa farne. Io lo butto nel cesso, perché così si fa, non accetto lezioni da nessuno, tanto meno da un maschilista o da una paternalista, non mi faccio togliere il diritto di usare la mia voce, non mi importa delle cattiverie scritte e diffuse, non mi fermo. Si stancheranno prima loro. Perché io resisto da tutta la vita, loro solo da qualche giorno. Non c'è storia. Non c'è altra conclusione possibile se non la loro resa o il lento defluire del fiume d'odio su pagine anonime o fake, nel tentativo di attirare la mia attenzione. Il punto è che non ho il tempo né la voglia di seguire il defluire dell'odio. Sono occupata ad arginarlo, disinnescarlo, sono occupata a produrre argomenti e risorse che servano ad altre donne per divenire più forti e autonome. Dunque l'odio è una perdita di tempo. Diversamente diventa materia per una denuncia da affidare ad un legale. Care tutte, non fatevi intimidire mai dai messaggi d'odio, non lasciate che vi rubino tempo prezioso e attenzione. Siate libere. Siate femministe. Siate in ascolto di quel che produce il frutto di una elaborazione adulta e matura. Non siamo sole. Siamo tante. Loro solo pochi. L'odio sarà disinnescato, chi odia sarà abbattuto da un meteorite che cadrà sulla testa di dinosauri che la storia dichiarerà estinti. Noi siamo il futuro. I maschilisti sono il passato.